NOTICE

SUR LE

GÉNÉRAL DE DIVISION

BARON

DE CHABAUD-LA-TOUR

PAR

M. SAINT-MARC GIRARDIN

PARIS

SOCIÉTÉ ANONYME DE PUBLICATIONS PÉRIODIQUES

13, QUAI VOLTAIRE, 13

—

1885

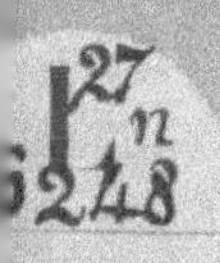

NOTICE

SUR LE

GÉNÉRAL DE DIVISION

BARON

DE CHABAUD-LA-TOUR

PAR

M. SAINT-MARC GIRARDIN

PARIS

SOCIÉTÉ ANONYME DE PUBLICATIONS PÉRIODIQUES

13, QUAI VOLTAIRE, 13

1885

LE

GÉNÉRAL DE DIVISION

BARON

DE CHABAUD-LA-TOUR

« Je voulais le nom d'un honnête homme ; j'ai pris celui
« de Chabaud », disait le roi Louis-Philippe, quand il
racontait comment en Suisse il dut, pour vivre, se faire
professeur à l'établissement d'instruction publique de
Reichenau.

Ce nom d'honnête homme, le général de Chabaud-la-
Tour l'a porté dignement pendant une longue vie, y
ajoutant le double éclat d'une carrière militaire remplie
d'honneur, et d'une carrière politique pleine de services
publics, rendus avec autant de distinction que de désin-
téressement.

Né à Nîmes en 1804, François-Henri-Ernest, baron de
Chabaud-la-Tour, voulut, à l'exemple de son père et de
son grand-père, suivre la carrière militaire. Admis à l'école
Polytechnique en 1820, à l'âge de seize ans, il en sortit en
1822, classé le premier de la promotion de l'arme du
génie, à laquelle le rattachaient ses traditions de famille.

A la fin du siècle dernier, en 1783, son grand-père, mort
colonel du génie en 1791, se rendait à Constantinople,
pour y diriger les travaux de fortification du détroit des

Dardanelles. Le petit-fils du défenseur de Constantinople devait être le défenseur de Paris.

Dès ses débuts, la carrière de Chabaud-la-Tour fut brillante. En 1829, sous le ministère de M. de Martignac, dont la politique étrangère favorisait l'alliance russe, l'empereur Nicolas, pour témoigner publiquement de la bonne intelligence qui régnait entre les deux cours, avait demandé au gouvernement français des officiers du génie, qui devaient concourir avec l'armée russe aux sièges des places fortes du Danube. A peine âgé de vingt-cinq ans, Chabaud-la-Tour eut l'honneur d'être désigné pour faire partie de cette mission militaire.

La chute du cabinet présidé par M. de Martignac ayant mis fin à la mission française en Russie, Chabaud-la-Tour rentra en France, pour être bientôt appelé à prendre part à l'expédition d'Alger, dans l'état-major du général Valazé.

Les souvenirs de cette expédition, qui étaient liés chez lui à ceux de la jeunesse, étaient restés dans la mémoire du général de Chabaud-la-Tour toujours présents, toujours vivants. Jusque dans les derniers temps, il aimait à raconter comment la flotte, composée de plus de cent vaisseaux de guerre et de 350 bâtiments de commerce, mit à la voile le 14 mai 1830; comment le 14 juin, tous les navires étant rassemblés dans la rade de Sidi-Ferruch, et l'ordre ayant été donné de débarquer à trois heures du matin, il avait eu le bonheur d'être de la brigade de débarquement. Au bout d'une demi-heure, plusieurs bataillons étaient déjà à terre et se formaient aussitôt pour marcher en échelons sur une batterie que les arabes avaient démasquée à bonne portée du rivage. Les bataillons, dans la masse desquels les boulets ennemis venaient frapper, continuèrent à se porter en avant, laissant derrière eux quelques hommes blessés, qu'on portait aussitôt aux tentes d'ambulance déjà dressées sur la plage, et la batterie fut rapidemenr enlevée. Une ligne de retranchement bastionnée fut aussitôt établie pour fermer la gorge de la presqu'île de Sidi-Ferruch.

L'armée française enleva successivement les positions qui la séparaient d'Alger. Le 29 juin, elle couronna les hauteurs qui dominent la place, depuis la Bouzariah jusque devant le château de l'Empereur et au delà vers la droite. La tranchée fut ouverte le soir même ; les batteries construites furent successivement armées de 30 pièces d'artillerie. Le 4 juillet, à quatre heures du matin, tout était prêt ; une fusée tirée du milieu des attaques donna le signal à nos batteries de commencer le feu, et le fort de l'Empereur, qui n'avait pas cessé de tirer des 18 pièces de sa longue face pendant les journées qui s'étaient écoulées depuis l'ouverture de la tranchée, fut attaqué à son tour par les 30 pièces de nos batteries.

Le terrible duel d'artillerie dura jusqu'à huit heures du matin. A ce moment, une explosion formidable se fit entendre ; une immense colonne de fumée s'éleva dans les airs, et toute la muraille du château, le long de la route d'Alger, s'écroula, ne présentant plus qu'un monceau de ruines. Ne voulant pas se défendre plus longtemps, les Arabes avaient mis le feu à la principale poudrière.

Toutes les troupes s'élancèrent vers le château, en escaladèrent les ruines, et au bout de quelques minutes le drapeau français flottait sur un des bastions du fort qui n'avait pas été renversé par l'explosion.

Sans perdre un instant, Chabaud-la-Tour et ses camarades du génie tracèrent une parallèle entre le château et l'enceinte d'Alger, ainsi que les tranchées en zigzag destinées aux cheminements qui allaient conduire nos soldats jusqu'au pied des remparts d'Alger. Mais, vers les trois heures de l'après-midi, de l'une des portes de la ville sortit une députation qui alla porter au général de Bourmont la soumission du Dey d'Alger.

Le lendemain 5 juillet, le général de Bourmont, suivi des principaux chefs de l'armée, faisait son entrée dans la Casbah.

Le capitaine de Chabaud-la-Tour avait été désigné par le général du génie Valazé pour l'accompagner dans cette entrée solennelle.

Chabaud-la-Tour fut du nombre de ceux qui, proposés pour la croix de Saint-Louis, particulièrement enviée comme croix militaire, reçurent la croix de la légion d'honneur.

Son séjour en Algérie fut de courte durée. Rappelé l'année suivante, il fut attaché aux premiers travaux qui furent entrepris pour fortifier Paris.

En 1832, le roi Louis-Philippe, qui n'avait pas oublié qu'il avait porté le nom du jeune capitaine du génie, le nomma l'un des officiers d'ordonnance du duc d'Orléans.

Ce fut avec ce prince que Chabaud-la-Tour prit part au siège de la citadelle d'Anvers et à la campagne de Mascara en 1835. Nommé chef de bataillon en 1837, il fut, à cette même époque, élu député dans le département du Gard.

En 1839, M. de Chabaud-la-Tour suivit de nouveau le duc d'Orléans en Algérie et l'accompagna à la fameuse expédition des Portes-de-Fer.

Ce défilé célèbre, a raconté le duc d'Orléans dans ses notes sur ses campagnes d'Afrique, plus difficile encore que la renommée ne l'avait dit, est la seule entrée donnant accès, vers l'Est, dans l'agglomération confuse de montagnes sauvages et amorphes dont le Djurdjura est le pic principal, et qui couvre près de douze cents lieues carrées de pays entre Bougie, Ouennougha et l'Oued-Kaddara.

A la suite de cette expédition qui tint du prodige, Chabaud-la-Tour fut nommé officier de la Légion d'honneur.

L'année suivante, l'officier d'ordonnance du duc d'Orléans eut un bonheur plus grand encore.

Le Prince royal avait obtenu du Roi le commandement d'une division de l'armée du maréchal Vallée. Le but était de s'emparer de Médéah, capitale du Tittery. On y parvint, après avoir forcé le passage du col du Mouzaïa, immortalisé par le beau tableau d'Horace Vernet, dans lequel on voit Lamoricière, Duvivier et Changarnier, commandants des trois colonnes d'attaque de gauche, arrivant pour saluer le duc d'Orléans, au moment où le Prince vient d'enlever le col, à la tête de sa division.

C'est à l'occasion de ce fait d'armes, à la date du 24 mai 1840, que M. de Chabaud-la-Tour eut l'honneur d'être cité à l'ordre du jour de l'armée.

Au retour de Mgr le duc d'Orléans en France, surgit la grave question d'Egypte. On sait qu'inquiètes de la politique étrangère de la France que dirigeait alors M. Thiers, ministre des Affaires étrangères, l'Autriche et la Prusse s'étaient brusquement décidées à signer le traité du 27 juillet 1840, avec la Russie et l'Angleterre. La France se trouvait ainsi placée en dehors du concert européen et absolument isolée. Une guerre générale paraissait imminente.

Dans ces graves circonstances, Mgr le duc d'Orléans fit appeler M. de Chabaud-la-Tour à Saint-Cloud, et voici dans quels termes M. Guizot rend compte de cet incident dans *les Mémoires de mon temps* :

« Le jour même où la signature de ce traité était annoncée dans le *Moniteur* à Paris, le 27 juillet 1840, le duc d'Orléans fit appeler à Saint-Cloud l'un de ses aides de camp, M. de Chabaud-la-Tour, alors chef de bataillon du génie, dont il estimait également la capacité et le caractère : « Eh bien, lui dit-il, nous avons souvent causé de la fortification de Paris, nous voilà au pied du mur ; comment comprenez-vous que nous devions résoudre cette grande question ? » Monseigneur, répondit M. de Chabaud, vous savez ce que je pense ; il faut, pour fortifier Paris, une enceinte continue et des forts détachés : une enceinte, pour que l'ennemi ne puisse espérer de pénétrer de vive force dans la capitale par les larges trouées de deux ou trois mille mètres que les forts laisseront entre eux ; des forts, pour que la population n'ait pas à souffrir les horreurs d'un siège, et pour que le rayon d'investissement de Paris soit si étendu qu'il devienne comme impossible, même aux armées les plus nombreuses. — C'est tout à fait mon avis, reprit le prince ; voici la carte et un crayon ; tracez-moi l'enceinte. » — Le jeune officier qui, depuis son retour de la campagne d'Alger en 1830, avait été employé aux travaux commencés pour la défense de Paris et avait fait de cette question sa principale étude, traça sur le champ le contour que devait suivre approximativement l'enceinte : « C'est bien, dit le duc d'Orléans ; à présent placez-moi les forts. — M. de Chabaud marqua, sur les deux rives de la Seine, l'emplacement de quinze forts, selon lui indispensables. « Maintenant, dit le duc d'Orléans, emportez ce plan, et allons chez M. Thiers. » Tous deux en effet se rendirent sur le champ à Auteuil, où M. Thiers habitait alors. M. de Chabaud exposa en détail au président du Conseil le plan qu'il venait de tracer sur la carte, et qu'avait adopté la commission de défense instituée en 1836 par le maréchal Maison, comme le seul système complet et efficace. Les trois interlocuteurs discutèrent le chiffre de la dépense, la durée des travaux, le nombre d'ouvriers qu'ils exigeaient, l'emploi des troupes à leur exécution : « Pouvez-vous rédiger un projet d'ensemble, demanda M. Thiers au jeune officier, et quel temps vous faut-il ? — Six jours suffiront, je crois. — Prenez-les ; nous avons bien des questions préliminaires à résoudre d'ici-là pour cette grande affaire ; dès que vous serez prêt, nous la porterons au conseil. »

Aidé de tous les documents recueillis au ministère depuis Vauban jusqu'au général Dode de La Brunerie, rapporteur de la commission de 1836, M. de Chabaud-la-Tour, au bout de six jours, avait accompli son œuvre, tracé le plan complet des fortifications, enceinte et forts, discuté les moyens d'exécution et évalué avec détail la dépense, qui ne devait pas, selon lui, dépasser cent quarante millions.

Restait à faire accepter le projet par le roi, qui n'était pas très convaincu de la nécessité de l'enceinte continue, et inclinait à croire les forts suffisants pour la défense de Paris, à laquelle il tenait d'ailleurs avec passion. La question fut débattue devant lui à plusieurs reprises, soit dans le Conseil des ministres, soit dans diverses conférences spéciales. Pendant ce temps, les journaux de l'opposition, instruits de la prédilection du roi pour le système des forts, l'attaquaient tous les matins et réclamaient ardemment l'enceinte continue. Un jour enfin, à Saint-Cloud, après une longue conversation entre le roi, le duc d'Orléans, M. Thiers, le général de Cubières, alors ministre de la guerre, et le jeune rédacteur du plan proposé, le roi s'écria, avec cette gaieté familière qu'il portait souvent dans ses résolutions : « Allons. Chartres, nous adoptons ton projet. Je vois bien que pour que nous venions à bout des fortifications de Paris, il faut qu'on crie dans les rues : « A bas Louis-Philippe ! vive l'enceinte continue ! »

M. de Chabaud-la-Tour soutint à la tribune de la Chambre des députés le projet présenté pour les fortifications. Il contribua à son adoption avec le même bonheur qui devait, trente-quatre ans plus tard, lui faire attacher son nom à la loi du 27 mars 1874, sur les nouveaux forts de Paris.

Promu lieutenant-colonel en 1842, l'année même de la mort funeste du duc d'Orléans, M. de Chabaud-la-Tour fut nommé aide de camp de M. le comte de Paris. Colonel en 1845, il fut appelé au commandement du 3ᵉ régiment du génie à Arras.

Pendant les fatales journées de 1848, le colonel de Chabaud-la-Tour resta jour et nuit de service, avec les officiers de la maison de M. le comte de Paris, dans les appartements des jeunes princes d'Orléans, au pavillon de Marsan. Le 24 février, à huit heures du matin, le maréchal Bugeaud, qui avait été nommé par le roi au commandement en chef de l'armée, avait établi son quartier général sur la place du Carrousel, dans l'aile du Louvre donnant sur la rue de Rivoli. Dès le matin, il avait exposé au roi son plan de campagne pour rétablir l'ordre dans Paris. Il comptait faire occuper par de l'artillerie tous les ponts, afin d'interdire les communications d'une rive à l'autre de la Seine, pousser vigoureusement les insurgés de la rive droite jusqu'aux boulevards extérieurs, où ils auraient trouvé leur retraite coupée par les régiments de cavalerie. La rive droite ainsi balayée, le maréchal se serait porté sur la rive gauche, où une manœuvre analogue devait lui livrer les insurgés qui occupaient cette rive. Ce projet avait été adopté par le roi.

A huit heures du matin, Mme la duchesse d'Orléans fit appeler le colonel de Chabaud-la-Tour et lui prescrivit d'aller demander à l'état-major du Carrousel qu'une compagnie fût envoyée pour déloger de la rue des Orties-Saint-Honoré des insurgés qui criblaient de coups de fusil les fenêtres des chambres des jeunes princes.

M. de Chabaud-la-Tour descendit les marches du perron de l'appartement des princes dans la cour des Tuileries, et se croisa au bas de cet escalier avec un groupe d'hommes politiques qui se rendaient dans le cabinet du roi ; parmi eux, marchaient en tête MM. Thiers, Odilon Barrot, Baroche, etc... M. Barrot disait à haute voix : « M. le maréchal Bugeaud est trop impopulaire pour rester à la tête des troupes. » Le colonel de Chabaud-la-Tour, en entendant ces paroles, s'élança vers M. Thiers, le saisit par le bras et lui dit : « Monsieur Thiers, les paroles de M. Barrot sont coupables : ce n'est pas au moment d'une bataille que l'on peut demander le changement d'un général en chef qui a toute la confiance de l'armée. »

M. Thiers balbutia quelques paroles, et, se dégageant de l'étreinte du colonel de Chabaud-la-Tour, il continua sa marche à la tête du groupe qui le suivait vers le cabinet du roi. On sait quelles furent les suites de cette démarche. On sait que le commandement des troupes fut retiré au maréchal à dix heures du matin, et qu'à midi tout était perdu.

Sa mission remplie, le colonel de Chabaud-la-Tour était revenu aux Tuileries. Cependant, Mme la duchesse d'Orléans, qui s'était vainement efforcée de détourner le roi du fatal projet d'abdication, se tenait au pavillon de Marsan, devant le portrait du duc d'Orléans, ses deux fils à la main, attendant ce que Dieu déciderait d'eux.

La maison militaire de ses fils s'était rangée autour d'elle. M. Dupin aîné y parut : il supplia Mme la duchesse d'Orléans de se rendre à la Chambre des Députés, disant que sa présence et celle de ses fils pourrait sauver le trône.

La noble et vaillante princesse se décida à suivre ce conseil. Elle longea le palais des Tuileries, accompagnée de M. de Chabaud-la-Tour et de fidèles amis qui tenaient par la main le jeune comte de Paris et son frère.

Ce groupe passa sous le guichet du centre du palais des Tuileries, descendit dans le jardin, atteignit la grille de la place de la Concorde et, de là, gagna la Chambre des Députés. Le duc de Nemours, après avoir protégé le départ du roi, vint prendre place aux côtes de Mme la duchesse d'Orléans et s'asseoir avec elle sur les bancs inférieurs du centre de la salle des séances.

Au bout de quelques instants, les tribunes supérieures furent envahies par une troupe violente d'hommes armés, qui braquèrent leurs fusils sur les bancs de la Chambre, dans la direction de Mme la duchesse d'Orléans et du groupe de ses amis.

Un tumulte inexprimable suivit cette irruption. Des cris de « tirez! ne tirez pas! Lamartine est à la tribune! » se firent entendre. L'Assemblée entière se leva. Les amis des Princes les emmenèrent hors de la Chambre et du Palais Bourbon, et les accompagnèrent à l'hôtel des Invalides, où Mme la duchesse d'Orléans et les princes furent reçus par M. le maréchal Molitor.

On sait comment se termina cette fatale journée, qu'il n'a pas dépendu de M. de Chabaud-la-Tour d'épargner à la France, en arrêtant M. Thiers sur le seuil du cabinet du roi.

La révolution accomplie, le colonel de Chabaud-la-Tour offrit de quitter sa carrière pour se mettre à la disposition de Mme la duchesse d'Orléans. Elle le remercia, en lui demandant de rester au service du pays.

Appelé à la direction du génie, à Amiens, puis à celle de Grenoble, il fut nommé en 1852 au commandement de l'arme du génie en Algérie. Il y passa cinq années, et prit part aux expéditions des Babors, en 1853; du sepbt des Beni-Yaya, en 1854, où il fut nommé commandeur de la Légion d'honneur; des Guetchoula en 1855, et de la Grande-Kabylie en 1857.

Nommé général de division après cette dernière campagne, il fut appelé en 1858 au comité des fortifications, dont il devint président en 1864.

Grand-officier de la Légion d'honneur depuis 1861, il passait, en raison de son âge, au cadre de réserve le 25 janvier 1869.

Retiré à la campagne, le général de Chabaud-la-Tour se reposait au milieu des siens, dans la paix du foyer domestique, d'une carrière si bien remplie, quand en juillet 1870 éclata la nouvelle de la guerre avec l'Allemagne.

Se mettre, par dépêche télégraphique, à la disposition de M. le maréchal Le Bœuf, ministre de la guerre, accourir à Paris, reprendre la présidence du comité des fortifications, et être nommé commandant en chef du corps du génie pour la défense de la capitale, tout cela alla de soi. Qui donc pouvait mieux défendre Paris que celui qui l'avait fortifié ? Aussi, sous la vigoureuse impulsion du général, on vit s'élever de grandes redoutes à Gennevillers, à Montretout, à Châtillon, des ouvrages de campagne en avant des forts de Bicêtre et au Moulin Saquet. Aux portes de toutes les routes qui pénétraient dans Paris, sur tout le pourtour de l'enceinte, tout s'organisa pour la défense. Des murs crénelés fermèrent les ouvertures des courtines; des fossés furent creusés en avant.

L'armement des remparts marchait de pair. Le général avait demandé à être mis immédiatement en possession des terrains sur lesquels les ouvrages projetés devaient être entrepris. Malheureusement, il ne put en disposer que lorsque arrivèrent à Paris les désastreuses nouvelles de Reichshoffen et de Forbach.

Aussitôt, le général de Chabaud-la-Tour demanda que l'état de siège fût proclamé. En vertu de cette déclaration, il occupa d'urgence les terrains nécessaires pour compléter la défense de Paris.

En même temps une commission de défense était instituée. Cent mille hommes étaient employés aux travaux. La proclamation du gouvernement provisoire, des incidents relatifs à la fermeture des portes, puis à la rentrée des vivres à Paris, amenèrent à trois reprises la dispersion des ateliers. Il fallait chaque fois une semaine pour les réunir de nouveau; bref, les redoutes entreprises, celles entre autres si importantes de Montretout et de Châtillon, ne purent être achevées le 18 septembre, jour de l'investissement ; et ce fut de ces positions occupées aussitôt par l'ennemi que la rive gauche eut à souffrir les désastres du bombardement.

Dans une des premières réunions de la commission de défense, le général de Chabaud-la-Tour demanda que l'on fît arriver à Paris :

1° 200 bouches à feu de la marine du plus fort calibre ;

2° Un approvisionnement de vivres pour deux millions d'habitants, pendant une année, et un approvisionnement de houille pour la même durée de temps;

3° 3 millions de kilogrammes de poudre.

Un des membres du Conseil dit : « Mais nous ne tiendrons pas quarante jours ».

Le général de Chabaud-la-Tour l'interrompit et lui dit :

« Nous tiendrons tant que nous aurons un morceau de pain à manger ! »

Pas un des ouvrages avancés, pas un des forts ne furent pris par les armées allemandes pendant la longue durée du siège. Elles n'ont pas même essayé d'en prendre aucun et la capitulation ne fut signée que lorsqu'il n'y avait plus de vivres dans Paris que pour vingt-quatre heures.

Le général de Chabaud-la-Tour fut nommé grand'croix de la Légion d'honneur à la fin du siège. Prisonnier dans Paris, après la capitulation, il y apprit, par le télégraphe, que le département du Gard l'avait nommé, par 65.000 voix, son représentant à l'Assemblée nationale.

Dans la séance du 13 juin 1871, le général Trochu parla de lui dans les termes suivants :

« Messieurs, ces travaux font le plus grand honneur aux hommes qui les ont conduits et qui les ont exécutés. L'homme qui les a conduits est parmi nous; je veux le nommer. C'est le général de Chabaud-la-Tour.

« Et pas le moindre honneur ne m'en revient, car j'étais occupé à une toute autre direction d'affaires; celle-ci appartient tout entière au digne général et à ses collaborateurs. Ces travaux ont été gigantesques. »

Il n'avait pas dépendu de lui de rendre à son pays un autre service auquel tous les hommes de cœur et tous les bons Français auraient hautement applaudi. Dès que les événements firent prévoir le siège de Paris, le comte de Paris avait écrit au général de Chabaud-la-Tour, pour qu'il la remît au Président de la Défense nationale, le général Trochu, une lettre par laquelle le Prince réclamait le droit de venir se battre sur ces remparts que son aïeul avait fait élever pour la protection même de la France. Ce droit lui ayant été refusé, le comte de Paris écrivait au général de Chabaud-la-Tour :

« Vous devez bien sentir ce que je souffre, en me voyant condamné à rester spectateur inactif de la lutte héroïque de mes compatriotes. J'avoue que de telles prévisions n'é-

taient jamais entrées dans mon esprit ; que je n'aurais
jamais cru celui qui m'eût prédit que, l'Empire renversé,
la République établie, et l'étranger assiégeant notre capitale, je ne trouverais pas une place quelconque parmi les
défenseurs de la cause nationale. Il me semblait que les
traditions de toute ma famille, que le souvenir de mon
père—qui était exclusivement Français, et l'était bien avant
de songer à aucun intérêt dynastique — me donnaient le
droit de réclamer l'honneur de combattre dans l'armée
française, le testament de mon père à la main... Et que
personne n'aurait pu défendre à un d'Orléans de prendre
un poste sur ces fortifications de Paris qui sont l'œuvre
de son grand-père, le soldat de Jemmapes (1). »

A défaut d'un poste sur ces fortifications, le comte de
Paris ne pourra-t-il pas au moins servir dans les armées
qui s'organisent en province ? Le Prince écrit à l'ancien
aide de camp de son père :

« A défaut de Paris, nous aurions tous voulu trouver
notre place de citoyens dans les armées de province. Il
semblait que rien ne pût s'opposer à la réalisation de ce
désir bien désintéressé..... La délégation de Tours n'a
pas cru pouvoir revenir sur la décision prise par le Gouvernement tout entier, ne comprenant pas combien la situation était changée, ou plutôt cédant à la crainte de
s'aliéner les fanatiques qui abusent du nom de la République et prétendent toujours imposer leurs fantaisies et
leurs passions aux républicains libéraux et modérés.

« Dans ces circonstances, je me suis adressé directement
au général Trochu, lui demandant de vouloir bien, en sa
qualité de Président du Gouvernement de la Défense
nationale, faire cesser l'interdit qui m'empêche, jusqu'à
présent, de porter les armes pour la France. Je n'ai pas
encore sa réponse. Si elle était favorable, je serais prêt à

---

(1) *Comtes de Paris*, par le lieutenant colonel Hennebert. Paris, librairie
Furne, Jouvet et Cie, éditeurs, 5, rue Palatine, 1885.

servir sous un nom d'emprunt, de manière à ménager les susceptibilités les plus extrêmes. Tout ce que je demande, c'est une recommandation d'un membre du Gouvernement permettant à M. X... de se présenter à telle armée active qui lui sera désignée, pour y obtenir l'emploi qu'il pourra. Le Gouvernement, ou son Président, saurait seul que M. X... c'est moi. Car je ne veux pas tenter de m'insinuer dans l'armée française à son insu. . . . .

..... Il me semble que vous devez comprendre combien l'inaction me ronge en ce moment, et je tenais à vous prouver que je faisais tout ce qu'il m'est matériellement possible de faire pour en sortir (1). »

Rien ne devait manquer à l'honneur qui échut au général de Chabaud-la-Tour d'avoir dans sa longue carrière militaire la spécialité des fortifications de Paris. A l'Assemblée nationale, il fut le rapporteur, et on peut le dire, l'auteur du projet de loi relatif aux nouveaux forts à construire autour de la capitale. Il soutint à la tribune la discussion de cette loi, qui fut adoptée par 386 voix contre 182, c'est-à-dire à 208 voix de majorité, dans la séance du 27 mars 1874.

Dans cette discussion sur les nouvelles fortifications de Paris, le général avait rencontré un adversaire qui n'était pas à dédaigner. Ce n'était rien moins que l'ancien ministre du roi Louis-Philippe, celui-là même qui avait appelé à son aide, en 1840, le jeune officier du génie. M. Thiers tenait pour le projet d'enceinte restreinte. Le général de Chabaud-la-Tour soutenait le système de l'enceinte étendue. Dans ce débat si grave, on put constater la force que la compétence technique et le parfait naturel donnent à la parole d'un galant homme.

M. Thiers, reparaissant pour la première fois à la tribune depuis le 24 mai 1873, où il avait été renversé du pouvoir,

---

(1) Ibidem. *Comtes de Paris*, pages 159 et 160.

avait déployé tout son art de séduction. Le général de Chabaud-la-Tour lui succéda et sut ramener les esprits par un art tout contraire. L'ancien président de la République avait fait de la stratégie en homme politique, le rapporteur fit de la stratégie en homme du métier. Le simple exposé de la question rassura la conscience de l'Assemblée nationale. Et là où l'éloquence de l'homme d'État n'avait su que troubler l'esprit de ses collègues, sans les convaincre, il suffit de la parole du soldat pour éclairer leur patriotisme et déterminer leur vote.

Peu de temps après ce mémorable débat, le général de Chabaud-la-Tour, désigné par la confiance que lui témoignait la majorité de l'Assemblée, fut appelé par le maréchal de Mac-Mahon au ministère de l'intérieur.

Le mélange d'urbanité et d'autorité qui caractérisait le général de Chabaud-la-Tour lui conciliait jusqu'à ses adversaires eux-mêmes. C'est de lui qu'un jour, à la buvette de l'Assemblée, à Versailles, mêlé, comme cela lui arrivait fréquemment, à ses collègues de la gauche, M. Gambetta disait avec enjouement : « Ce diable de général, tout le monde l'aime ! »

Quand, en juillet 1874, le général de Chabaud-la-Tour accepta le portefeuille de l'intérieur, il faut bien dire qu'il n'arrivait au ministère que pour couvrir la retraite de l'Assemblée nationale. La politique de la majorité du 24 mai 1873 avait deux fois échoué : une première fois au 27 octobre de cette même année par l'avortement de la restauration monarchique ; une seconde fois, au 16 mai 1874, par le renversement du cabinet du duc de Broglie, succombant à la coalition — qui était la première, mais qui ne devait pas être la dernière — des membres de l'extrême droite et des gauches.

Dans ces conditions, le général de Chabaud la Tour dut borner son action au rôle qu'imposaient les événements : celui de gérer les affaires du pays au mieux de ses intérêts.

Les affaires bien faites : le général portait ce souci au plus haut degré; il ne tolérait pas les à peu près.

Aussi, quel plaisir pour les chefs de service, pour les directeurs généraux du ministère de l'intérieur, de retrouver auprès du général, avec une bonne grâce parfaite, ces traditions de régularité administrative auxquelles ils n'étaient plus habitués. Traditions utiles entre toutes, qu'il ne faut pas confondre avec la bureaucratie, et dont il ne faut pas médire ; car notre pays ne survit à ses révolutions périodiques que par la probité, par la constance de ses bonnes traditions administratives.

N'ayant accepté le ministère que par dévouement, le général en sortit sans regret le 10 mars 1875.

Maintenu indéfiniment dans la première section, activité et disponibilité, des généraux de division, comme ayant commandé en chef l'arme du génie aux armées de la défense de Paris, il fut mis en disponibilité, en raison de son âge, le 25 janvier 1874.

Élu sénateur inamovible le 16 novembre 1877, il y siégea dans les rangs du centre droit, entouré d'une universelle sympathie. Et quand le 11 juin 1885, le Président du Sénat, M. Le Royer, eut à faire part à l'Assemblée de la mort du général, ce fut au milieu des marques d'une approbation unanime qu'il termina ainsi sa communication :

« La fermeté de ses convictions, l'élévation et l'intégrité de son caractère vous sont trop connus, pour que j'aie à vous en faire l'éloge. Ses adversaires eux-mêmes l'avaient en profonde estime, et le Sénat tout entier s'associera au deuil que sa perte cause à sa famille et à ses nombreux amis ».

Cette fermeté de conviction, cette élévation de caractère, je sais bien où le général de Chabaud-la-Tour les puisait : il les puisait aux sources les plus pures. Il était un grand chrétien.

Nul plus que lui n'avait le noble souci des questions religieuses. Nul plus que lui ne portait aux choses de la religion un intérêt plus profond. Et il ne s'en tenait pas seulement aux controverses dogmatiques. Il avait la foi qui agit. Il pénétrait jusqu'à l'âme du peuple. Il en connaissait les besoins spirituels, d'autant plus grands que la vie est plus dure.

S'il parlait peu du peuple, n'aimant pas les abstractions sonores et égoïstes auxquelles se complaisent les courtisans du suffrage universel, il secourait les individus. Il faisait mieux. Il honorait les petits et les humbles.

Aussi, on l'a remarqué justement, en échange de ce ce qu'il avait prêté à Dieu dans la personne des pauvres et des malheureux, Dieu lui avait rendu, dans la mort, en effaçant toute trace de l'âge, sa beauté martiale et l'expression que son visage dut avoir au jour du Teniah de Mouzaïa. On aurait dit, ajoute éloquemment l'écrivain auquel nous empruntons ces lignes, lorsqu'on s'approchait de son lit funèbre, que le 10 juin 1885, le général de Chabaud-la-Tour venait d'être mis à l'ordre du jour d'une autre armée (1).

Une vie privée si digne, une vie publique si ferme portent un enseignement, et c'est celui dont nous avons le plus grand besoin à l'heure qu'il est.

Moins le pays a de fixité dans ses destinées, plus nous devons, chacun de nous, arrêter fermement notre ligne de conduite.

Le meilleur hommage à rendre au général de Chabaud-la-Tour est d'imiter la dignité de sa vie privée, l'unité de sa vie publique.

---

(1) M. Edmond Leclerc. *Journal des Débats* du 22 juin 1885.

Les obsèques du général de Chabaud-la-Tour eurent lieu le samedi 13 juin 1885, en l'église réformée du Saint-Esprit, rue Roquépine. A raison de son grade, comme général de division, et grand-croix de la Légion d'honneur, les honneurs militaires étant rendus par des délégations de l'armée tout entière : les 115e et 117e régiments d'infanterie de ligne, une compagnie du 1er du génie, un escadron du 14e dragons et deux batteries du 12e d'artillerie.

Ces troupes étaient commandées par le général Cholleton.

Au moment où le cercueil est placé sur le char, les musiques des 115e et 117e régiments de ligne jouent la *Marche funèbre* de Chopin.

Le corbillard se dirige vers le temple de la rue Roquépine. Les cordons du poêle sont tenus par MM. Teisserenc de Bort, vice-président du Sénat; général Lallemand, général Parmentier, général Sallanson, général Segretain, duc d'Audiffret-Pasquier, président de la Compagnie des mines d'Anzin, dont le général de Chabaud-la-Tour était président honoraire ; Blount, président du conseil d'administration de la Compagnie du chemin de fer de l'Ouest, et le docteur Riant, vice-président de la Société de secours aux blessés de terre et de mer.

Le deuil était conduit par le fils du défunt, M. Arthur de Chabaud-la-Tour, acompagné de ses fils, dont l'ainé porte l'uniforme de l'école de Saint-Cyr.

Après le deuil marchaient une députation du Sénat, une députation du conseil de la Compagnie de l'Ouest et de la Compagnie des mines d'Anzin, une députation de la Société des Charbonnages du Nord de Charleroi, une députation de l'armée de Paris.

Dans le chœur du temple se tiennent Mgr le duc de Chartres, représentant son frère Mgr le comte de Paris, et, à côté de lui, Mgr le duc de Nemours.

M. le pasteur d'Hombres prononce le discours suivant :

Messieurs,

La mort du général de Chabaud-la-Tour est une perte dont je n'essaierai pas de dire l'étendue : pour la famille, dont il était le chef aussi respectueusement honoré que tendrement aimé; pour notre Eglise, dont il était l'une des colonnes; pour l'armée, dont il était l'un des officiers les plus distingués et les plus vaillants; pour la France, dont il était l'un des meilleurs citoyens.

Il ne m'appartient pas d'apprécier sa carrière politique. Il me suffira de dire, avec votre assentiment unanime, messieurs, que sous des régimes bien divers il a servi son pays avec un égal dévouement, comme député du Gard, comme ministre de l'intérieur, comme sénateur.

Il ne m'appartient pas non plus de retracer la brillante
carrière militaire de celui qui, entré à seize ans, à l'École
polytechnique, sorti le premier dans la promotion du génie,
a conquis tous les grades dans cette arme d'élite; de celui
qui combattait à côté du duc d'Orléans au siège d'Anvers,
à la prise de Mascara et dans beaucoup d'autres faits
d'armes de la guerre d'Afrique, et que nous avons vu dans
sa forte vieillesse, commander en chef le génie militaire
pendant le siège de Paris, douloureuse époque où plus
d'une fois il a épanché dans notre cœur ses tristesses
patriotiques, mais aussi son invincible espérance.

C'est à l'homme religieux, au chrétien qu'il m'appartient
de rendre hommage.

Je ne veux voir en lui, selon une parole célèbre, *rien de
ce que la mort y efface*, je ne veux envisager que ce que
la mort respecte, consacre et met en pleine lumière : sa
foi, son espérance et la fidélité de sa vie.

Sa foi, son espérance, je les trouve dans le préambule
de son testament que sa famille a bien voulu me commu-
quer : « Je meurs dans les sentiments d'une foi profonde,
« en notre Dieu, Créateur du ciel et de la terre, qui m'a
« appelé du néant à la vie et a ordonné le premier batte-
« ment de mon cœur; qui a daigné envoyer son Fils unique,
« Jésus-Christ, pour payer par son sang ma dette envers
« la justice suprême, et pour m'assurer la vie éternelle
« par sa résurrection victorieuse de la mort; qui m'a ac-
« cordé les secours de son Saint-Esprit, dans les rudes
« épreuves de ma vie... » — Et, en finissant, après des
paroles de tendresse pour tous les siens : « Je vous dis au
« revoir dans la Jérusalem céleste en Notre-Seigneur et
« Sauveur Jésus-Christ. » Voilà ce que le général de Chabaud-la-Tour écrivait en se plaçant sur la limite de deux
mondes, le monde terrestre et le monde céleste, et en
essayant, pour ainsi dire, sa tombe. Voilà ce qu'il écrivait
le 10 juin 1880; et c'est le 10 juin 1885, cinq ans après,
jour pour jour, qu'il a rendu son âme à Dieu.

Cette foi, don de Dieu, précieux héritage des pères, s'était développée en lui sous les influences bénies dont il avait été entouré : celle de son oncle le vénéré pasteur Juillerat, dont l'Église réformée de Paris conserve le pieux souvenir; celle de sa sœur aimée, Mlle Rosine de Chabaud-la-Tour, femme chrétienne toute à Dieu et aux bonnes œuvres : c'est certainement à la mort prématurée de sa chère fille qu'il fait allusion quand il dit que « Dieu lui a « envoyé le secours de son Saint-Esprit dans les rudes « épreuves de sa vie ». Une telle foi n'était pas une opinion, une théorie, une profession bien pensante, mais l'inspiration de sa vie, ou plutôt sa vie elle-même. Vous l'auriez vu, messieurs, tous les dimanches, au pied de cette chaire, tout près de la place occupée aujourd'hui par son cercueil. Il n'était pas de fidèle plus assidu : pendant qu'il était ministre de l'intérieur, il n'a pas une seule fois manqué au service divin. Il n'y avait pas non plus d'auditeur plus sympathique, plus sévère pour lui-même et plus indulgent pour le prédicateur. Il avait compris cette parole du grand prédicateur chrétien saint Paul : « *Nous portons ce trésor dans des vases de terre, afin que l'excellence en soit rapportée au Seigneur et non à nous.* » Il ne regardait pas au *vase de terre*, mais au *trésor* que ce vase, toujours défectueux, contenait pour l'épancher dans les âmes. Que de fois je l'ai vu, les yeux baignés de larmes en s'associant au chant de nos cantiques, par exemple de celui-ci :

> Rien, ô, Jésus que ta grâce
> Rien que ton sang précieux,
> Qui seul mes péchés efface,
> Ne me rend saint, juste, heureux !

C'était là ce qui parlait le plus à son âme : le sacrifice de Jésus-Christ pour les pauvres pécheurs. Et lorsque, dans des jours deux fois solennels, la sainte table était dressée, vous l'auriez vu venir avec sa haute stature, humble et grave, pour recevoir les symboles sacrés du corps et du sang de Jésus-Christ, proclamant ainsi son unique et ferme espérance en Celui qui est le Sauveur de l'homme perdu.

La foi du général de Chabaud-la-Tour a porté ses fruits, et c'est à cette foi que nous pouvons attribuer, pour la plus grande part, le bien dont il nous a donné l'exemple. — Dans sa vie politique, le travail assidu, l'entier dévouement au pays, l'attachement à l'honneur et au devoir. — Dans sa vie militaire, l'héroïsme du soldat, soutenu par la piété du chrétien, comme dans l'âme d'un Bayard ou d'un Coligny. — Dans les conseils de notre Église, son zèle pour défendre notre foi et nos libertés, zèle qu'il partageait avec cette forte génération des de Jancourt, des Delessert, des Guizot, des James Mallet, des Pelet de la Lozère. — Dans sa vie de famille ses tendres affections pour la digne compagne de sa vie, pour son fils, pour sa belle-fille et pour les nombreux petits-enfants qui étaient la couronne de sa vieillesse. — Dans ses rapports avec ses amis cette exquise urbanité, cette bienveillance, cette bonne grâce, qui n'étaient pas une forme, mais le rayonnement d'un cœur aimant et sympathique. — Dans ses rapports avec tout le monde enfin, mais surtout avec les humbles et les petits, cette obligeance que rien ne lassait, cette complaisance sans borne, cette charité toujours prête, qui nous faisaient penser à cette parole de l'apôtre : *« Ne soyez point paresseux à vous employer pour autrui ; soyez fervents d'esprit, servant le Seigneur ! »*

Et maintenant toute cette activité est arrêtée, cette vie si bien remplie a pris fin... Trois mois de maladie ont abattu ce corps sain et vigoureux et après une courte lutte, la mort a vaincu notre frère. Mais qu'ai-je dit : la mort l'a vaincu ? Disons plutôt, messieurs, il a vaincu la mort. Celui qui a écrit dans son testament : *« Je meurs dans une foi profonde en mon Dieu »*, celui-là n'est pas mort, il est vivant, et la mort n'a pu que le faire entrer dans la vie, dans la vraie vie, dans l'immortalité ; — non pas dans cette immortalité dérisoire qu'ose nous proposer la sagèsse du jour, immortalité toute terrestre qui consiste dans la permanence plus ou moins longue d'un souvenir, dans le prolongement plus ou moins étendu de l'éclat d'une vie humaine, immortalité qui n'est, comme on l'a dit, qu'un autre nom du néant, mais dans l'immortalité réelle, l'immortalité selon la foi et selon le bon sens, l'immortalité qui a été pressentie par tous les peuples, et que *Jésus-Christ a mise en évidence*, l'immortalité qui se déploie de l'autre côté de la tombe, dans le ciel, dans *la maison du Père où Christ nous a préparé des places*. O maison du Père, sainte Sion, patrie éternelle, dont un voile seulement nous sépare, les uns étant encore de ce côté du voile dans l'ombre et dans la lutte, les autres au-delà du voile dans la lumière et dans la paix, je te proclame et je te contemple en face même de ce cercueil! C'est là que vous êtes, cher général, regretté frère, loyal ami! C'est là que vous nous attendez, car nous recueillons, nous aussi, votre adieu à tous les vôtres : *Au revoir dans la Jérusalem céleste, en Notre-Seigneur et Sauveur Jésus-Christ!*

Messieurs, un mot encore en finissant. L'humilité de ma personne ne me laisse pas le droit d'oublier la grandeur de mon ministère. Ce n'est pas en mon nom que je parle, c'est au nom de mon Dieu et de mon Sauveur. Et si mon devoir a été de rendre hommage à la foi du général de Chabaud-la-Tour, mon devoir est aussi de vous dire : Qui que vous soyez, vous tous qui remplissez ce temple, cette foi vous est nécessaire. Je vous le déclare sans aucune hésitation et avec une entière liberté, parce que je m'élève ici au-dessus de ma foi personnelle, au-dessus des diversités des communions religieuses. Je vous le déclare : la foi au Dieu de l'Évangile, dans le sens le plus ferme mais aussi le plus large de ce mot, voilà ce qu'il faut à notre pays, voilà ce qu'il faut à chacun de vous !

Notre pays, vous l'aimez tous, malgré la différence de vos sentiments politiques ou religieux, vous l'aimez tous d'une affection filiale et passionnée. Eh bien! connaissez-vous un autre secret pour le relèvement d'un peuple que le relèvement des âmes? Et connaissez-vous pour le relèvement des âmes un autre secret, une autre puissance que l'action de l'Évangile? Connaissez-vous des sources plus pures et plus hautes, pour vivifier un peuple, que celles qui s'appellent Dieu, le Christ, la conscience, le devoir, l'immortalité et l'amour immense qui a éclaté sur la croix?... Ah! ces hautes sources, ne faites rien qui puisse les obstruer, les tarir ou les détourner de cette génération! Ouvrez-les autant qu'il est en vous, faites-les couler comme un fleuve sur notre peuple; et, sur le parcours de ce fleuve, tout refleurira au milieu de nous!

Mais commencez par vous abreuver vous-mêmes à la source des eaux vives. Eh quoi! y aurait-il ici quelqu'un qui n'eût pas senti le besoin d'une force d'en haut pour vaincre le mal qui est en lui, et le besoin d'une consolation à travers les épreuves de la vie!.... Et puis, regardez ce cercueil qui vous dit: ton tour viendra bientôt. Dans quelques années, que seront devenus vos titres, vos insignes, vos décorations, vos gloires humaines, le bruit fait autour de votre nom et vos jouissances d'un jour? Tout cela se sera évanoui comme une fumée et il ne restera de vous qu'un pauvre corps que la mort va glacer et qu'une pauvre âme qui va comparaître devant le Saint des Saints... Oh! alors, malheur à l'homme seul! *Væ soli!* Malheur à l'homme qui, sentant la terre manquer sous ses pieds, ne s'appuiera que sur lui-même; mais heureux celui qui trouvera à côté de lui le Dieu sauveur qu'il aura essayé d'aimer et de servir! Heureux celui qui pourra s'approprier le cri de l'apôtre: *Christ est ma vie et la mort m'est un gain!* Alors ceux qui entoureront votre couche funèbre rediront cette parole qui nous est montée au cœur lorsque nous avons vu le général de Chabaud-la-Tour, étendu sur son lit de mort comme une statue de marbre, les mains jointes, le front serein, semblant dormir du plus paisible sommeil : *Heureux sont dès à présent les morts qui meurent au Seigneur ! Oui pour certain, dit l'Esprit, car ils se reposent de leurs travaux, et leurs œuvres les suivent !* Amen.

Ce discours plein d'élévation émeut profondément l'auditoire.

Immédiatement après la cérémonie religieuse, le corps est transporté au cimetière du Père-Lachaise, pour être inhumé dans le caveau de famille des Chabaud-la-Tour.

Avant l'inhumation, M. le général Segretain, au nom de ses camarades du génie militaire, prononce le discours suivant :

Messieurs,

L'officier général dont nous entourons en ce moment la dépouille mortelle mérite tous les honneurs et tous les regrets. Je ne parlerai ici que de sa carrière militaire. Cette carrière fut brillante, utile entre toutes, marquée par la passion du devoir ; elle honore en particulier le corps du génie ; aussi le Président du Comité de cette arme eût tenu à venir ici en rappeler les principaux traits : Des exigences de service auxquelles il n'a pu se soustraire l'en empêchent ; celui qui le remplace dans ce douloureux honneur n'y a d'autre titre que d'avoir été pendant quelques années le collaborateur assidu de l'homme éminent que nous pleurons.

Le général baron de Chabaud-la-Tour, issu d'une famille où la fermeté d'âme est héréditaire, sortit avant dix-neuf ans de l'école polytechnique premier de sa promotion. Il choisit librement l'uniforme d'officier du génie, bien que le temps ne fût pas alors aux entraînement militaires.

Ses débuts furent remarqués. Aussi dès 1829, on le voit, à vingt-cinq ans, attaché à l'ambassade de Pétersbourg : il s'agissait pour lui de suivre les opérations de l'armée russe dans une campagne contre la Turquie.

En 1830 il fait partie de l'expédition dirigée contre la régence d'Alger : il prend part à tout les combats de cette courte campagne, combats pendant lesquels il eut à payer de sa personne, ainsi qu'à l'attaque du fort l'Empereur. Quelques mois après il rentre en France avec le grade de capitaine et la croix; il avait vingt-six ans.

Il est alors attaché pendant dix-huit mois aux travaux de défense que le Gouvernement faisait exécuter autour de Paris.

Ainsi, dans cette même année 1830, au début même de sa carrière, le général de Chabaud a touché aux travaux de la conquête de l'Algérie et à ceux de la défense de Paris, c'est-à-dire à ceux qui ont plus particulièrement marqué sa vie et auquel son nom restera tout spécialement attaché.

En 1832, il est désigné pour faire partie de la maison militaire du duc d'Orléans ; mais son ardeur et son amour du métier l'empêchent d'accepter cette situation comme un poste de repos. — En 1832, on le trouve au siège de la citadelle d'Anvers; en 1835, en 1837, en 1839, en 1840, il fait campagne en Algérie : il prend part aux expéditions de Mascara, de Cherchell, de Médéa, à celle des Biban, qui lui vaut la croix d'officier, à de nombreux combats, à celui du col de Mouzaïa notamment, qui est devenu légendaire et où il est cité à l'ordre du jour.

De ces opérations sur la terre algérienne, il revient à la défense de Paris. En 1840, préoccupé des dangers qu'une guerre malheureuse pourrait faire courir à la France si Paris n'était pas mis à l'abri d'une attaque brusquée, il dresse lui-même et seul un projet d'ensemble pour entourer la capitale d'une solide ceinture défensive. Ç'avait été la pensée de Vauban; c'était celle qui hantait l'esprit de plus d'un militaire; l'idée n'était peut-être pas populaire. Quoi qu'il en soit, le projet fut produit, discuté, et, lorsque, le Gouvernement s'étant lui-même décidé, peu après, à proposer de fortifier Paris, un projet de loi fut porté devant le Parlement, M. de Chabaud, chef de bataillon depuis 1837, et qui était alors membre de la Chambre des

Députés, se trouva particulièrement qualifié pour prendre la part la plus utile aux délibérations.

La loi votée, il réclama l'honneur de participer à l'exécution des travaux ; il fut mis à la tête de la chefferie de Belleville.

Le grade de lieutenant-colonel, puis celui de colonel vinrent le chercher dans ces fonctions laborieuses, et il passa de là au commandement du 3ᵉ régiment de génie, qu'il exerça avec une grande distinction de 1846 à 1848.

Les événements politiques de cette dernière année interrompirent momentanément l'activité de sa carrière, comme aussi ceux de 1851. Mais, dans chacune de ces deux circonstances, le Gouvernement lui rendit bientôt un emploi de son grade, d'abord à la direction d'Amiens, ensuite à celle de Grenoble.

C'est de cette dernière situation qu'en 1852 il fut appelé au commandement supérieur du génie en Algérie. Là, pendant près de six années, la belle intelligence du colonel, puis général, de Chabaud, et ses hautes aptitudes administratives eurent toute carrière.

C'était une époque de grand essor pour la nouvelle colonie : on complétait la conquête et on montrait les armes françaises jusque dans les régions sahariennes. La campagne de Kabylie en 1854, si habilement et si rapidement menée, était couronnée par la création, par l'improvisation, devrais-je dire, d'une véritable place défensive au lieu appelé aujourd'hui Fort National, et on sait la part brillante et décisive que le maréchal Randon a reconnue au commandant supérieur du génie dans le résultat obtenu. Le général de Chabaud reçut à cette occasion la croix de commandeur. En même temps on prenait Laghouat, on s'y établissait et, d'un bout à l'autre de l'Algérie, on construisait aux limites du désert ou dans le désert même des postes, dont quelques-uns ont, plus tard, sauvegardé de ce côté notre occupation en des moments difficiles.

Le général de Chabaud-la-Tour avait de grandes idées pour arriver à doter la colonie des voies de communications, des ports, etc., qui lui faisaient défaut, et, avec son ordinaire largeur de conception, il avait tracé un programme complet des travaux avec indication des moyens financiers pour l'exécution. Les moyens financiers employés ont été autres; mais l'œuvre s'est poursuivie, et le général, bien qu'éloigné de l'Algérie, en a suivi avec ardeur le développement et y a aidé de tout son pouvoir.

Nommé divisionnaire à la fin de 1857, il fut, à cette époque, appelé au comité des fortifications, dont les travaux, combinés avec ceux des inspections générales du génie, l'occupèrent désormais. Il présida ce comité de 1864 à 1869; dans cette dernière période, on sait quelles furent l'assiduité de son labeur, son heureuse influence pour la solution des questions, son action bienveillante sur le personnel du corps du génie.

Il était au cadre de réserve lorsqu'éclata la guerre de 1870. Immédiatement il offrit ses services, qui furent acceptés, et, replacé à la tête du Comité des fortifications, il présida à la mise en état de défense de Paris : c'était, pour ainsi dire son œuvre qu'il s'agissait de défendre, aussi ne s'y épargna-t-il pas; son activité était infatigable, son esprit de ressources sans limites et sa bienveillante intelligence savait accueillir et utiliser toutes les coopérations. Quand les événements se précipitèrent, il devint le commandant en chef du génie des armées de Paris, et chaque jour son temps se partagea entre le travail de cabinet et la visite des forts, des avants-postes.

C'est en revenant d'une de ces visites au fort d'Issy, but principal déjà du feu de l'ennemi, qu'il apprit son élévation à la dignité de grand-croix de la Légion d'honneur.

Je passe sur les temps qui suivirent. Le général, relevé de la position de réserve et ensuite maintenu d'une manière définitive dans la première section du cadre de l'état-major général, a consacré au relèvement de la fortune morale et militaire de la France des forces que l'âge n'avait point affaiblies et une influence qu'accroissait encore sa situation de membre très écouté de l'Assemblée nationale.

En cette dernière qualité, il lui fut donné de rendre un dernier et bien signalé service à la défense de Paris. Après avoir, dans le sein du Comité des fortifications, grandement contribué à l'étude des problèmes complexes que soulevaient les dispositions à prendre pour réorganiser les fortifications de la capitale, il fut à l'Assemblée le rapporteur du projet de la loi et soutint, avec l'autorité de la conviction, le projet de ligne de défense la plus étendue : il triompha, et c'est ainsi que son nom se trouve encore une fois attaché aux fortifications de Paris.

Peu après, la règle de la limite d'âge le faisait passer en disponibilité; mais il était en pleine santé et en pleine vigueur, il siégeait au Sénat et il ne pouvait se désintéresser de ce qui l'avait intéressé durant toute sa vie ; aussi, jusque dans ces derniers mois, le voyait-on se préoccuper ardemment de tout ce qui touchait à l'armée et en particulier au corps du génie.

Son nom d'ailleurs reste attaché à ce corps par la plus généreuse association perpétuelle à une œuvre de confraternité.

Telle fut la carrière militaire du général, bien digne, vous le voyez, d'être donnée en exemple. Le général de Chabaud-la-Tour restera un de ceux qui ont le plus honoré et l'armée et l'arme à laquelle il appartenait.

Ce n'est peut-être pas à moi de parler ici des qualités de l'homme ; cependant comment ne pas dire que tous ceux qui l'ont approché l'ont aimé ? Comment ne pas faire allusion aux sources élevées auxquelles il puisait sa force ? Son âme était vraiment admirable, et c'est pourquoi je puis et je dois finir en disant : non pas adieu, mon général, mais au revoir.

Après le général Segretain, M. le docteur Riant, vice-président de la Société de secours aux blessés, s'étant avancé près de la tombe, prononce, au nom de la Société, les paroles qui suivent :

Messieurs,

C'était un grand homme de guerre, c'était un éminent homme d'État, que celui dont nous déplorons aujourd'hui la perte, le général de division, baron de Chabaud-la-Tour. A cette heure suprême, en lui, l'homme de bien, l'homme charitable, l'homme de cœur n'est-il pas plus grand encore? S'il fallait dire tout le bien qu'il a fait, des jours n'y suffiraient pas. S'il fallait réunir autour de cette tombe, pour une dernière expression de reconnaissance et pour un solennel adieu, tous ceux que son inépuisable bonté a aidés, secourus, relevés, cette enceinte serait mille fois trop étroite. Et puis la charité si modeste, si discrète, si évangélique du général n'accepterait pas la révélation de bienfaits qu'il ne voulait laisser connaitre que de Dieu seul.

Cependant, qu'il me soit permis, à moi, son collègue, qui l'ai vu à l'œuvre pendant de longues années, dans le conseil de la *Société française de secours aux blessés militaires*, à moi qui, naguère, emportais mourant le cher général de la salle de nos délibérations, où ses forces avaient trahi cet esclave du devoir jusqu'au bout, qu'il me soit permis de rappeler, d'un mot respectueux et d'un cœur reconnaissant, les services que le général a rendus à cette œuvre charitable et patriotique. Il avait concouru à sa fondation : secourir les blessés militaires était une idée, une mission qui répondaient si bien aux généreuses inspirations de son cœur de soldat et de chrétien! Pendant près de vingt années, il est resté le collaborateur assidu, infatigable de notre œuvre, à laquelle il travailla jusqu'à sa dernière heure. Armées françaises en ce moment sur de lointains rivages; soldats, marins, blessés ou malades des ambulances du Tonkin et de Madagascar, vous pouvez bien dire que c'est vous qui avez eu la dernière pensée

charitable de notre éminent collègue, et comme les derniers battements de ce cœur tout pénétré de patriotisme
et d'amour de l'armée !

Au nom de la *Société française de secours aux blessés
militaires*; au nom de son vénéré président, M. le duc
de Nemours, le compagnon d'armes du général de Chabaud-la-Tour dans les guerres d'Afrique, son ancien, son
fidèle ami ; au nom de tous nos collègues en deuil ; au
nom de ces milliers de blessés qu'il nous a aidés à secourir ; au nom de cette portion souffrante de l'armée qu'il a
tant aimée, j'adresse ici ce suprême et reconnaissant hommage au cœur si élevé, à l'âme si généreuse, si charitable,
si française du vice-président que la *Société française de
secours aux blessés militaires* a perdu dans la personne du
général de division, baron de Chabaud-la-Tour !

Notre œuvre n'oubliera jamais ni ses éminents services,
ni sa mémoire vénérée !

Il faut borner ici ces quelques pages. Non qu'elles
rendent tout ce que j'aurais à dire du général de Chabaud-la-Tour. J'ai essayé seulement de fixer quelques
souvenirs. Combien j'en aurais encore à retracer !

Par exemple, le charme que le général exerçait dans l'in-
timité sur tous ceux qui l'approchaient, l'aménité parfaite
qu'il répandait dans son intérieur, ne sont pas les traits qui,
à mes yeux, recommandent le moins sa mémoire. Il n'est
que juste d'ajouter combien, dans cette union de famille,
il a été heureusement secondé par la compagne de sa vie.
Mme de Chabaud-la-Tour, fille de M. Alphonse Périer,
longtemps député de l'Isère, nièce de Casimir Périer, a
été la digne auxiliaire du général dans cette grave et douce
mission du foyer domestique. A quel point ils y ont

excellé, la discrétion m'empêche de le dire; mais je ne peux pas taire cependant que si le second de leurs petits-fils est aujourd'hui élève de l'École polytechnique, c'est pour déférer à un désir souvent exprimé par son grand père, qui, le jour même de sa mort, le pressait encore de réaliser ce vœu.

Le 29 novembre 1880, le général de Chabaud-la-Tour accompagnait à sa dernière demeure un de ses camarades du génie, le général de division Charon. Parlant sur la tombe de son ami, il disait de lui :

« Selon les admirables paroles de Notre Divin Sauveur « Jésus-Christ qui sont gravées sur la porte de ce cime- « tière, il vivra, quoiqu'il soit mort. »

Cette citation sera notre résumé. Le général de Chabaud-la-Tour aimait à citer les Saintes Écritures. Elles avaient dans sa bouche une force manifeste. Aussi, avec la ferme espérance qui l'animait, c'est de lui que nous pouvons dire en vérité :

« Il vivra, quoiqu'il soit mort. »

B. Saint-Marc Girardin.

Paris. — Imprimerie P. Mouillot, 13, quai Voltaire. — 62271

PARIS. — IMPRIMERIE P. MOUILLOT, 13, QUAI VOLTAIRE. — 62274